AF349498

PROSPECTUS.

MÉMOIRES
POLITIQUES ET MILITAIRES
DE *Mares* —

Sur la guerre de la révolution, et sur les rapports politiques qui ont existé entre les diverses puissances de l'Europe avant, pendant et après cette guerre.

» La révolution françoise est pour les peu-
« ples et les gouvernemens une leçon vigou-
« reuse dont, sans doute, ils sauront profiter.
« Mais elle est aussi pour les hommes de guerre
« une mine féconde d'instruction, qui, ex-
« ploitée avec soin, ne peut que tourner au
« profit de l'art. Jusqu'à présent les résultats
« de la guerre nous ont appris seulement l'heu-
» reux succès des combinaisons qui les ont
« amenés. mais les détails les plus instructifs,
« ceux, qui, en faisant connoître les difficultés
« de tous les genres qui semblent se presser

« devant la moindre entreprise à la guerre,
« font aussi connoître les moyens employés
« pour surmonter ces difficultés; ces détails
« précieux nous manquent presqu'entière-
» ment, et nous avons à craindre qu'ils ne
« soient un jour remplacés par ces fictions
» séduisantes que la théorie inexpérimentée
« décore des apparences de la vérité , et dans
« lesquelles, sacrifiant souvent le fait à la pro-
« babilité, le vrai au vraisemblable, on donne
« de la guerre des idées fausses qu'une expé-
« rience toujours désastreuse vient rectifier
« trop tard. (1)

« Une bonne suite de campagnes de guerre
» dans lesquelles le physique s'endurcit , le
» moral se rassure et l'esprit s'éclaire , sera
» toujours le cours d'instruction le plus propre
» à un militaire. Mais, quand on est assez heu-
» reux pour être privé de cette ressource fu-
» neste qui fait verser tant de sang et de larmes,
» qui traîne, sur tant de contrées, le fléau de
» la dévastation, et qu'on ne cherche à bien
» connoître que pour se ménager plus de
» moyens de l'éviter , les tableaux les plus
» fidèles des guerres passées , les détails les
» plus circonstanciés des opérations, et l'ex-
« position des motifs qui les ont déterminées,
« offrent au militaire le genre d'instruction
« qui lui convient le mieux. La variété infinie
« des exemples cités lui fournit l'occasion de
« reconnoître les écueils qu'il doit éviter , les

(1) Tous les articles guillemetés sont des extraits du discours d'exposition qui doit être publié avec la première subdivision de ces Mémoires.

« modèles qu'il doit suivre. Il trouve enfin
« dans l'exactitude de ces tableaux la plus
« grande somme de lumières que l'expérience
« de la guerre puisse procurer à celui qui ne
« l'a pas faite, comme il n'y trouve qu'erreurs
« et dangers, lorsqu'ils sont formés de con-
« jectures, et que la manie de rectifier y a
« substitué ses rêves aux réalités, et le mer-
« veilleux, l'arbitraire du Roman, à la fidélité
« de l'Histoire. »

« Celui qui a fait la guerre, soit lorsque l'en-
« thousiasme national payoit si chèrement des
« succès obtenus malgré l'absence de tout
« ordre, de toute discipline et presque detoute
« combinaison, soit lorsque l'expérience, ra-
« menant l'ordre et la discipline par la con-
« viction de leur nécessité, avoit replacé dans
« les mains du génie et de la valeur ces pre-
« miers élémens de la force des armées, celui-là
« peut avoir reconnu la source et les consé-
« quences des erreurs accréditées par ces
« vaines théories qui substituent les illusions
« sophistiques de l'inexpérience au langage
« simple et instructif des événemens, aux prin-
« cipes que ces événemens consacrent. L'abus
« qu'on en a fait a toujours été tel, et la dif-
« férence, entre ce qui étoit écrit et ce qu'on
« a vu sur le champ de bataille, si grande,
« qu'à chaque guerre nouvelle, et sur-tout à
« celle de la révolution, on a cru que le systême
« victorieux étoit un systême nouveau, parce
« qu'il paroissoit différent du systême écrit,
« tandis que, dans tous les temps, dans tous les
« lieux, avec les armes anciennes comme avec
« les nouvelles, le courage, la vigueur, l'audace

» et le génie, lorsqu'ils n'ont pas été trop for-
» tement contrariés par la fortune, fidèles au
» même système, ont marché par les mêmes
» voyes aux mêmes succès, à la même gloire
» et que, à moyens égaux, la pusillanimité,
» l'ignorance présomptueuse et la sottise sont
» descendues, par les mêmes voyes aussi, au mal-
» heur et à la honte. Quels traits de lumière
» ne nous offrent pas ces hommes qui ont con-
» sacré leur vie à méditer sur l'art de la guerre,
» qui n'ont cessé de travailler à meubler leur
» mémoire, à former leur jugement par l'étude
» de tout ce que l'Histoire et les meillenrs
» Traités offrent de ressources et d'instruc-
» tion et qui cependant ne présentent, à tra-
» vers ce luxe séduisant de connoissances, que
» l'absence déplorable du talent? Ces autres,
» qui, ne voyant, dans l'art de la guerre,
» que la disposition purement mécanique de
» ses élémens, portent au plus haut degré
» de perfection le talent de manœuvrer des
» troupes dans les circonstances physiques les
» plus compliquées, et se trouvent si peu pré-
» parés à l'intervention de toute influence mo-
» rale que devant l'ennemi ils deviennent in-
» capables des moindres combinaisons. N'en
» a-t-on pas vu quelquefois abandonner des
» plans sages dont leur tête n'étoit plus en état
» de diriger l'exécution, et se livrer, hors de
» de propos aux fureurs d'une aveugle bra-
» voure, faute du courage eclairé que le
» calme et le sang-froid caractérisent; de ce
» courage qui, mettant à profit toutes les res-
» sources du moral et du physique, sait en

« graduer l'application suivant le besoin et les
« circonstances ?

« Ces funestes résultats ont leur source dans
» la fausseté et l'insuffisance des tableaux pré-
» sentés à la méditation des militaires. Une opé-
» ration se compose non seulement des mou-
» vemens des troupes, mais de tous les motifs
» qui les ont déterminés, et ne faire connoître
» qu'une partie partie de ces motifs, c'est expo-
» ser le lecteur à ignorer les plus déterminans,
» c'est le priver du principal avantage de cette
» expérience supplétive qu'il devroit trouver
» dans l'étude des Campagnes de guerre. Ne
» faire connoître d'une bataille que ses résul-
» tats, faire abstraction de cette agitation qui la
» précéde, la prépare, en constate la nécessité,
» en détermine l'objet et le plan, en dispose les
» moyens sous l'influence des plus grandes pas-
» sionsqui puissent jamaisémouvoir un homme,
» n'est-ce pas ôter à ce tableau les couleurs et
» les traits qui le constituent, à ses impressions
» toute leur force, et à l'ame ce puissant véhi-
» cule qui la fortifie en l'élevant au-dessus de
» tout ce que la raison humaine peut imaginer
» de plus noble et de plus sublime ?

« Ces inconvéniens sont extrêmement gra-
» ves et le moyen de les prévenir, c'est la
» publication des campagnes de guerre par
» ceux qui les ont faites, qui ont été initiés
» dans le secret des opérations, qui sont as-
» sez habitués au langage qui y est propre,
» pour en rendre le récit intelligible et sont
» assez dévoués à leur pays pour ajouter à
» leurs services militaires la tâche plus pé-
» nible qu'on ne pense de s'enfoncer de nou-

» veau dans tous ces détails pour les trans-
» mettre avec exactitude et vérité. On peut
» laisser ensuite aux grands maîtres qui font
» l'honneur de notre siècle le soin de poser
» des principes qu'ils ont consacrés par tant
» de triomphes. Quel besoin n'en avons-nous
» pas pour nous guider après eux dans cette
» carrière brillante, lorsqu'ils l'ont illustrée à
» un point presque désespérant pour ceux à
» qui il reste le moindre amour pour la gloire.
« Les campagnes de la révolution nous of-
» frent tous les ages de l'art militaire depuis
» son enfance jusqu'à sa perfection et des mo-
» dèles sans nombre de toutes les vertus ci-
» viques et guerrières. L'histoire de cette
» lutte extraordinaire appartient à l'art, à la
» morale, au lien fédératif des sociétés. Il
» faut pour l'écrire une tête froide, une ame
» brûlante, une plume exercée et une grande
» sagacité. Cette histoire n'a pas besoin d'em-
» bellissemens étrangers, elle doit présenter
» avec toutes les conditions de la plus heu-
» reuse réalité le beau idéal du genie, des
» talens, et de toutes les passions genéreuses.
» Puisse l'auteur de *ces Mémoires*, pénétré
» comme il l'est de la tâche que lui ont impo-
» sée ses services, rendre dignes de figurer
» dans ce tableau sublime quelques traits plus
« vrais que fleuris de ces campagnes célè-
» bres, et dans lesquels l'éloquence des faits est
» la seule que la nature de son travail et ses
» moyens lui ayent permis d'employer. »
» La politique et la guerre se prêtent un
» appui mutuel. Les opérations de l'une sont
» toujours un des élémens de l'autre. Négocier

» avec ou pour des puissances qui font ou
» peuvent faire la guerre et ne pas connoître
» les ressources qu'elle pourroit présenter, les
» combinaisons auxquelles elle prêteroit un ap-
» pui quelconque, ce seroit négliger la prin-
» cipale partie de ses avantages. Faire la guerre
» sans connoître toutes les parties du corps po-
» litique, relativement auquel on agit, les in-
» térêts et les moyens des diverses puissances
» qui les composent, et par conséquent la con-
» duite qu'il faudroit tenir envers chaque État
» ennemi, neutre ou allié, c'est s'exposer à per-
» dre une partie du fruit des opérations mili-
» taires les plus avantageuses, c'est se mettre
» dans l'impossibilité de donner à la victoire
» même les propriétés au moyen desquelles
» elle doit passer avec le plus d'avantages de la
» main du général dans celle du négociateur.

» C'est pour présenter aux politiques et aux
» militaires quelques moyens de prévenir ces
» inconvéniens que l'auteur a cru devoir dans
» ces Mémoires ajouter autant que possible
» aux rapports militaires et topographiques
» sous lesquels il présentoit les opérations, la
» nuance politique qui avoit été successive
» ment pour ces mêmes opérations cause et ef-
» fets, et réciproquement ».

Il espère qu'on ne trouvera pas mauvais
qu'il ait gardé l'anonyme. Il suffit qu'on sache
qu'ayant fait comme militaire toutes les campagne de la guerre de la révolution, toujours
aux armées actives, il ne parle que de ce
qu'il a vu ; que, depuis le passage du Var en
1792 où il fit la première reconnoissance sur
les hauteurs de la rive gauche de ce fleuve

jusques à la paix maritime de l'an X, il a servi sans interruption aux armées du Var, d'Italie, de Sambre et Meuse, d'Allemagne, de Mayence, d'Helvétie, du Danube, de Gênes et d'Italie, presque toujours auprès des généraux-en-chef et le plus souvent honoré de leur confiance particulière et intime pour tout ce qui étoit relatif aux opérations militaires. Il ne donne pas sur ses services de plus amples détails qui le décéleroient, il prie même les militaires qui le reconnoîtroient de garder le silence à cet égard. Il a pour se conduire ainsi des motifs qu'il ne doit pas publier et que le lecteur peut ignorer sans inconvénient.

On divise ces Mémoires en huit parties principales, on y considère :

(1ʳᵉ. Subdivision.) *Les causes, le but, la marche et les résultats des principales guerres qui ont eu lieu entre les diverses puissances de l'Europe avant la révolution françoise sous le triple rapport de la politique, de la topographie et des mouvemens militaires.*

(2ᵉ.) *Les nuances de force, d'intérêt et de vues, dont la révolution françoise a été pour les autres puissances l'époque, la cause ou le prétexte, la conduite de ces puissances, la position relative et la conduite de la France, l'aperçu des premières opérations de la guerre de la révolution en Allemagne.*

(3ᵉ.) *Le début et les premières campagnes*

de l'armée du Var, devenue depuis armée d'Italie, jusqu'au moment où le général BONAPARTE *en a pris le commandement en chef.*

(4e.) *Les opérations de l'armée de Sambre et meuse, et principalement la campagne de l'an V sous le général* HOCHE.

(5e.) *Le nouvel état politique et militaire de l'Europe entre la paix de Campo Formio et la deuxième guerre continentale.*

(6e.) *La double campagne d'Helvétie contre les Autrichiens et les Russes.*

(7e.) *Le siége et la défense de Gênes en l'an VIII et par aperçu la campagne d'Italie de la même année.*

(8e.) *La position relative dans laquelle se sont trouvés les Etats de l'Europe par la 2me. paix continentale, la première paix maritime, la répartition des indemnités en Allemagne et la réorganisation définitive du corps Germanique* (1).

Ces divers mémoires sont accompagnés des cartes nécessaires pour suivre avec faci-

(1) L'auteur sera infiniment reconnoissant de tous les renseignemens qu'on voudra bien lui communiquer sur les objets traités dans ces mémoires. Les parties de ces renseignemens qu'il pourra publier, seront désignées comme appartenant à autrui, et porteront même le nom de celui qui les aura fournies, s'il ne le trouve pas mauvais. On peut adresser les paquets francs de port à l'auteur de ces Mémoires sous le couvert de M. Magimel, libraire, quai des Augustins, qui les lui transmettra exactement.

lité et fruit les mouvemens politiques et la marche des opérations militaires; mais, comme la meilleure carte ne contient pas toujours tout ce qu'on auroit besoin d'y voir et qu'on employe souvent beaucoup de temps et de peine pour trouver même ce qui y est écrit, l'auteur a ajouté à chacune des cartes qui en étoient susceptibles une *analyse topographique* du pays qu'elle représente. Un des objets de cette analyse est non-seulement d'éviter au lecteur l'inconvénient de chercher long-temps sur la carte le point qu'il lui importe de trouver, mais encore de lui indiquer la place de celui qui n'y seroit pas désigné. On réunira enfin en un seul corps de travail à la fin de l'ouvrage *quelques mémoires détachés sur diverses parties du matériel de la guerre et des constructions qui y sont propres, quelques instructions données à diverses époques par l'auteur, sur les reconnoissances militaires et la levée des cartes et plans, et enfin un recueil d'anecdotes curieuses et instructives sur les événemens qui font l'objet de ces mémoires, et quelques portraits.*

Les longueurs, le fini de l'exécution, la cherté de la gravure commencée déjà depuis plusieurs années tant en France qu'en Italie, et la mise de fonds considérable qui y est devenue nécessaire ont un peu retardé la publication de cet Ouvrage. Aujourd'hui les avances les plus difficiles, celles qui doivent précéder la publication des premières parties, sont faites, et les rentrées doivent désormais égaler les dépenses, si tous ceux que cet Ouvrage intéresse, s'empressent de se procurer

les parties qui ont paru et celles qui paroî-
tront successivement : on les invite à cette
souscription indirecte qui les associera à la
prompte publication de ces mémoires sans les
obliger à aucunes avances.

Ce n'est point par ordre de matières que cette
publication aura lieu. On sent bien que chaque
partie doit éprouver d'autant plus de longueurs qu'elle est accompagnée d'un plus
grand nombre de planches. Mais on a pris
toutes les précautions nécessaires, pour que
chacune de ces parties puisse être classée dans
l'ordre qui lui convient, sans égard à l'époque
de sa publication, et que son isolement même
ne diminue en aucune manière l'intérêt qu'elle
présente.

A chaque publication d'une partie de l'Ouvrage on indiquera toujours la partie qui
doit la suivre immédiatement.

Les parties qui ont déjà été publiées sont :

1.º *Le plan d'*Ehrenbreitstein *et* Coblentz
*avec les attaques de l'an IV (1795) par l'armée
de Sambre et Meuse, alors commandée par
le général* Jourdan *; une feuille grand-aigle,
formant la planche IX de l'ouvrage.*

Prix . . . . 10 francs
et enluminée . . . . 11 — 50 cent.

Nota. Le fort *d'Ehrenbreitstein,* situé au confluent
de la *Moselle* et du *Rhin,* vis-à-vis l'embouchure de la
Moselle a joué un grand rôle dans la guerre d'Allemagne, et la démolition de ses fortifications à la 2.me
paix continentale rend encore plus précieux le plan

qui en a conservé tout le tracé. Les anciennes fortifications de *Coblentz* sont aussi ponctuées ainsi que
les embellissemens qu'on y a substitué. La connois-
sance de ce point, toujours très-militaire, malgré la
démolition des fortifications, est d'une utilité qui n'é-
chappera pas à l'observateur éclairé.

2.° *La carte de la bataille de* Neuwied
entre partie de l'armée de Sambre et Meuse,
commandée en chef par le général Hoche,
et le corps Autrichien aux ordres du géné-
ral Krai *en l'an V* (1796). Une feuille grand-
aigle, formant la planche VIII de l'ouvrage.

Prix . . . . 10 francs
et enluminée . . . 11 — 5o cent.

Nota. Cette carte a été levée par l'auteur qui étoit
à cette bataille comme officier supérieur et qui en a
vu toutes les manœuvres, c'est la dernière bataille
gagnée par l'estimable général *Hoche.*
Elle présente encore un autre genre d'intérêt par
les discussions qu'elle a occasionnées entre les généraux Autrichiens *Krai* et *Werneck*, ainsi que par
l'examen et la décision du Conseil aulique de l'Empire sur la conduite de ces deux généraux.
On laisse au lecteur le soin de comparer la su-
perbe exécution de ces planches avec la fixation du
prix qui est au moins d'un cinquième au-dessous de
celui que de pareils plans ont été payés en Allemagne, et de plus de moitié au-dessous de ce qu'ils
coûteroient en Angleterre. Cependant ce prix sera
encore réduit lors de la publication du texte, *en rai-*
son de la quantité d'exemplaires qui auront été
vendus, et la reduction s'effectuera au profit des premiers acquereurs en eu prélevant le montant sur le prix

du texte ; on sentira combien cette détermination a été nécessaire pour faciliter à l'auteur la rentrée de ses avances déjà très-considérables. Ces deux planches appartiennent à la quatrième partie de ces Mémoires et pourront y être réunies, mais, indépendamment de cette destination, on peut les considérer comme gravures, elles serviront alors fort bien par leur beauté à l'ornement d'un cabinet de travail.

La planche V est à présent la première qui doit paroître. C'est une *carte d'Allemagne*, format grand monde ; elle contiendra les nouvelles divisions politiques de cet Empire d'après la répartition des indemnités. Elle sera accompagnée de *l'analyse topographique de l'Allemagne*, la première des parties du texte que la terminaison des planches correspondantes a permis de publier, et de *l'analyse politique rapportée au résultat de la répartion des indemnités*, La carte est entièrement gravée, on s'occupe à la corriger et à la raccorder avec le texte auquel elle appartient, elle se rapporte aux 1.re, 2, 4, 5, 6 et 8eme subdivisions de ces mémoires.

La carte d'Europe avec les bordures de l'Asie et de l'Affrique en 4 feuilles grand aigle, et qui appartient aux 1.re, 2, 5 et 8 subdivisons, est déjà très-avancée. Plusieurs feuilles sont corrigées pour le trait et pour la lettre, et on y grave en ce moment la topographie : les autres les suivront de près.

Le plan de Dusseldorf avec les camps retranchés exécutés autour de cette place pendant la dernière guerre ne tardera pas non plus à paroître.

Enfin l'avancement de toutes les parties de cet ouvrage se poursuit avec la plus grande activité, et l'auteur habitué au travail, et à la persévérance y sacrifie tous ses instans

Les personnes, qui, ayaut pris les premières parties publiées de ces mémoires, désireroient en avoir la suite, sont invitées a donner chez les libraires dépositaires leur nom et leur adresse, afin que, lors de la publication des autres parties, on puisse les leur faire

parvenir sans retard. Il y en aura 25 exemplrires sur
beau papier vélin , ils seront réservés pour ceux qui les
auront demandés les premiers.

*S'adresser , pour se procurer les parties
qui ont déjà paru et celles qui paroî-
tront par la suite , à Paris.*

Chez MM. { MAGIMEL , libraire pour l'art militaire, quai des Augustins, N.° 73.
PIQUET , géographe graveur, quai Malaquais.

Strasbourg . . . . LEVRAULT.
Metz . . . . COLLIGNON.
Lyon . . . . PERISSE, frères.
Montpellier . . . { RENAUD.
VIDAL.
Lille . . . . BOUBERS.
Mayence . . . . . LEROUX.
Bruxelles . . . . . LECHARLIER.
Brest . . . . LEFOURNIER.
Londres. . . . . . DEBOFFE.
Milan . . . . MARGAILLAN.
Vienne . . . . . . DEGEN.
Gênes . . . . GRAVIER.
Francfort . . . . ESLINGER.
Hambourg . . . . PERTHÉS.
Lahaye . . . . . . VANCLEEF.
Berlin . . . . . . METRA.
Petersbourg . . . KLOSTERMANN
Lisbonne. . . . . PAUL MARTIN.